Brise-Poésies

Poésies

Julien Quittelier

Du même auteur

Vespéral de l'être, ÉLP

Sonnets du levant lacrymal, Stellamaris

La philosophie de l'anamnèse, BoD

La transparence des bleuités, BoD

Les cimetières hallucinés, L'Harmattan

« Pour atteindre une forme supérieure de l'humour, il faut commencer par ne plus prendre au sérieux sa propre personne. »

Hermann Hesse

Brise-Poésies

Poésies

1.

Sacralisation

Ce soir, je vous écris…

Ce soir, je vous écris car, comme vous, je souffre,

Comme nous souffrons tous, et qu'il n'est que le gouffre,

Je veux dire ''je souffre'' à chaque agonisant

Et me nommer souffrant de l'infini bêchant ;

Le beau Prince en exil Ad Vitam de ses voiles,

Nous savons qu'il déserte à la ronde, les toiles,

Ses peintres ont surfait ses regards de pays ;

Ad Vitam s'il s'exile en ses mains, plusieurs Lys.

Écoutons… Il maintient l'écho de Baudelaire ;

Et s'il est vrai qu'il souffre il se rend au Parterre

Pour y cueillir le psaume en beauté, des tréfonds ;

Écoutons… Sa valeur de s'éclore, aux pardons.

Non… S'il n'est pas humain, pur, c'est que nous en

rîmes,

Nous lui fîmes aveu de redorer nos cimes,

Ad Vitam qu'il soit loin des lentes cruautés
Qui sévissent, ô dame, un néant, de bontés.

Ce soir, je vous écris, comme s'écrivit l'âme,
Si nous souffrons, grand ciel, que s'abatte la flamme ;
Quant à s'aimer, il se peut que nous soyons loin
Des gravats de l'amour : nos clameurs sont du foin.

Seule oraison, spectrale, ô vierge, clamez nôtres
Les puretés des traits des psychoses d'apôtres ;
Ce soir, je vous écris, comme brilla le ciel,
Je vous écris mourant, comme ça… Sous l'autel ;

À l'horizon bizarre il se peut que Madone
Console l'agonie, ô présage, chantonne,
Je vous écris, ce soir, incroyant du Seigneur ;
Mais il me faut ces mots : de m'espérer prieur.

Ô prince, la fleur ploie à nos guignons internes,
À nos messes, nos doigts, je vous écris mes cernes
Ad Vitam qu'elles soient deux séjours, de pâleurs,
Ce soir je suis souffrant... Revêtu, de blancheurs.

Nous savons que ce rire est lanterne de rose,

Que pouvoir déserter vers la marée éclose

Est l'honneur des vivants de leurs nécessités ;

Ô ma dame, au rayon d'or des sacralités.

Ce soir, je vous écris, Ad Vitam, sous l'étoile,

Ô l'éther, décevant, de n'éclore en sa voile ;

Qu'un prince déserteur Ad Vitam, désapprend ;

Je vous écris, souffrant, telle la croix se tend.

La poétesse en perle de crépuscule

Pianotant Pink Floyd au bout du crépuscule,
Amalia, forte et fière, en Lesbos capitule :
Après avoir couché des rimes et ses torts
Tend ses ongles surfaits d'art aigus de ses morts,

Là, bénie ou damnée, elle tache des ors
Avec ses soirs lignés de tessons de mentors,
Ressassant son poème aux gels qui se fracassent
En ses vers de psyché d'échos qui la délassent.

Fugace, endolorie, elle pense indolore ;
Son assiduité se penche et la décore
De malédiction si bellement au gré
De son pensum lesbien qu'en rougeurs saupoudré ;

Comme elle sait que l'art est inutile et faux,
Valsant au son des sons, césurant tous ses maux,
Elle éteint ses Pink Floyd et rend son chant du cygne

En ce saut à pieds joints quant à louer tel signe ;

Elle sort de sa taule en gants roses de peine,
Couleur d'absinthe allant venter noire à la Seine,
Se sachant destinée aux strophes de soleil
Périssable en sachant l'effroi pur du sommeil.

La perle elle ressent… la perle des démons,
En elle a cheminé la clef des Visions ;
Vespérale attestant le soir pourpre de rose
Endiablée elle pleure autrement inéclose.

Ses yeux… sont l'oméga de tristesse posthume,
Parmi les cent fléaux et la hideur qui fume,
Parmi l'obscénité sous les astralités
Qui pervertit l'iris des princes avortés ;

Ses poignets… d'une esthète emperlés, redondants,
Ont souffert tous ces mots de ces menteurs printemps,
Par la calligraphie avili les jeunesses,
Menti des diable et dieu par le grain des paresses,

Sa lèvre… inférieure a cloqué des Verlaine,
Senti le sel des mers de l'extrême déveine,
Entonné la féerie et ce Rimbaud du mal
L'a syllabé rentier du bateau sans choral,

Son coude… autre et loyal a de l'absinthe osé,
Suscité l'agonie et tremblé possédé,
Il a blanc du poème amendé la lointaine
Théâtreuse Amalia qui pour l'or n'est que reine.

Autrement inéclose elle admire les danses,
L'indienne astralité de l'encens des errances,
Le fatras rocailleux des valons parisiens
Et l'être d'être soi ces départs purs des riens.

L'être et l'art, la valeur qu'on accorde à l'humain,
Tout cela se trahit — tel exil, tel fusain
Ne sauraient pas biffer l'incurable anamnèse
Quand Amalia fait perle avec la nuit qui pèse.

Les trois cachots d'Hermann Hesse

I

Dès l'heure plus sombre, au fond des temples aztèques,
Parmi les peuplements des pâleurs intrinsèques,
En bord de solitude, en scalp dont la rougeur
Rappelle ces soleils sous leurs parvis d'Honfleur,
Dans l'autre Himalaya, dans les steppes captives,
Au gré de douze pleurs, par les mille missives ;
J'irai chercher moral mes semblables tourments,
J'irai m'aventurer de l'estime au printemps
Aux doux mots réflexifs des latines boiteuses :
Ces femmes qu'on me prit — les absinthes cueilleuses — ;
Et je dirai ''quand ça ?'' Quand est-ce qu'on me prit
Le chant du cygne en deuil, la chair de tout l'esprit,
Quand est-ce qu'on me mit ces chaînes fraternelles
Qu'à tout constat je fis monts et mers et tutelles ?
Je me mens. Admissible azur des Visions,
Qu'un testament soit faux l'on me dit mes raisons :
Oui… Ce sont des raisons d'esthète misérable,

Entre éthique coupable et sagesse infaisable,

Il semblerait que l'art articule ses points

Comme un geste de Dab dévore sans besoins.

II

Je rêve d'un toit, de couleurs psychédéliques,
Dont l'extrême fusain trame vœux et cantiques,
Je rêve, entendez-vous : ces esquisses du Tort,
Je rêve assurément comme l'Envieux mort.
Je rêve azurément que ma peau se craquelle,
Envisageant la Voie ou la bonté de celle
Qui me dit ''tu n'es que vivant et somptueux :
Comme la terre entière, ainsi : tombe amoureux''.
Je tombe entièrement ; des psychoses vermeilles (…)
Ont le goût de ce fruit que l'on ploie en ces veilles
De rumination lunaire en lieu promu
Par la mortalité d'ultime ponte élu.
Et je rêve mescal, de khmères symphonies
Se mettent à bâiller telles des dents de scies ;
Des Mozart précisés sont d'autant plus divins
Que le parc de mon âme effleurit tous les vins.
Cette langueur, ce haut… Guignes puis ordalies
Me peignent sidéral en bitumes et stries ;
Et je sens comme un vieil élément dépourvu
Qu'est mon corps décharné des supplices rompu !

III

Qu'ennuage à présent les bienfaits des rapines !

Sous datation lente et lettrages des mines,

Ce corps sans garde-fou dans ma paume exaucé

Crie ''alléluia'' de fuir dépossédé.

Le rayon grec des Rome annonce des Socrate,

Si c'est mon cœur, prenez, prenez-le sans vulgate,

Dans le cachot des yeux et les barreaux des cils,

Prenez-le tel quel roide et sans maux incivils !

Aimez-le : je le jure… Aimez ses vastes routes,

Adorez-le mourant sous forme de déroutes,

Faites s'élever l'or de son premier dessein,

Et jetez-le royal dans un lac de lointain.

Imitable poème ainsi seul le soir j'ose,

Des Charmes vespéraux de la magie éclose

Fiancent temporels les jamais sidéraux

Dans le stupre inventif des plus rares métaux ;

Et je sens que je vois des lettres et des cônes,

Et du sang, de la peur, des rengaines de faunes ;

Et ce paraître occis par les nativités

De l'agonie en pompe et des Nécessités !

La clef des Portes

En attendant l'amour j'atteins la clef des Portes,
Mystiquement en paix qu'un éden soit demain,
Et l'ailleurs et l'ici par les tristesses mortes
Sont au centre des yeux les trémas du lointain.

Les secrets les plus sûrs font agir mes paroles ;
Ni le Malin ni Dieu n'attentent à mon corps,
Encor que bellement s'il s'agit d'hyperboles
Quand je trame ambre un cœur qui présume ses torts.

En vie occidental pins et vins des névroses
Gantent mon esthétique en rite monacal ;
— Qu'un défaut soit l'éloge et que points soient les roses
Césurés doctoraux d'amour conjectural — ;

J'aime le ''soi'' parmi les Légions d'Islande,
Des Azurs corrigés de lacune en leurs fonds,
J'aime mourir humain dans l'ici, dans la lande,
J'aime l'équation de ses regards profonds.

Extasiez-moi, Sirènes,
La Dame des enfers
Inhume dans les Seines
L'a priori, des vers.

Aimez-moi car mon crâne est le socle des pages,
De page en page enfreint d'un algébrique amour,
Liez de fil en fil ce que les rois les pages
Lièrent captatif jusqu'en haut de la Tour…

Extasiez-moi, Sirènes,
La Dame des enfers
Inhume dans les Seines
L'a priori, des vers.

La belle Méphisto c'est le front des carrières,
La Bacchanale en prose est mesure du vent,
La bonté c'est mon cœur prenez-le ses frontières
Ont déserté le sol où naquit leur courant.

Extasiez-moi, Sirènes,
La Dame des enfers

Inhume dans les Seines

L'a priori, des vers.

Sur les grèves du deuil je mimais ma tristesse

Sur les grèves du deuil je mimais ma tristesse,
Encor me fallait-il sentir que je sentais,
Et là, parodiant les drames sans adresse,
Je naviguais spectral sous mes sonnets anglais.

Je ne devinais pas que l'ombre du désir
Se fut déversée ambre au fond de mes mémoires,
Saillant spectre ou démon pour rechercher Ophir,
Peuplé d'adieux mescal et de mers en mâchoires ;

Mes doigts en des grisous flambaient orientales
La page du remords et l'encre des destins,
Et j'écrivais à peine aux internes chorales
Que le rouet des cieux fila mes Styx marins.

Je me trouvais en quelque heure chrétienne ; au gré
Des trois limpidités en sursis d'être mage ;
La fonte mescaline en l'estuaire ancré
Me prodiguait le bal où se calqua l'Image ;

Par mes velléités je vis d'abord des cercles,

Des Bach re-précisés — des Dante et des putains,

Des premières couleurs sur mon crâne en couvercles,

Des entités d'algèbre aux bleus ultramarins ;

L'unique impulsion fut de courir damné,

Ou béni par quelque œuvre aux grèves éternelles,

Car loué, menacé : je courais estimé

Par le chant de l'Idole en odes personnelles,

J'atteignis le refrain des palans spleenétiques.

Et l'en haut et l'en bas croisés de fers laiteux

De mon corps firent l'anse en des charbons chroniques,

Tout me valsait pleureur des bâillements ferreux ;

Je ne sentais plus : nul argument n'était vif,

Nul éclat de l'iris n'égrenait ses latences,

En moi, pauvre atoll feint d'élément captatif,

Ruisselait le symbole aux clous des précédences :

(Inerte.) Quand la lance apparut en son ombre,

Je m'enlisais pensum et lisais des Plotin ;

De vierges sentiments balayaient la pénombre
Pour des mers être roi scalpant l'œil du lointain ;

C'est ainsi que je suis l'obtuse obsession
Dont les rameaux ballants obombrent les Cybèle
Et dont le ralliement crapote la raison
Qu'il nous faut opportune à d'autres ou par Celle.

Tel schéma corporel de parisiennes nuques
Berce mon hymne au gras des pamphlets somnolés,
Et la mer… Et la mer plafonne ses perruques
Pour couronner nimbés les anges immolés.

Violacé tremplin, Saturnes enraillés :
Ma voix — en l'Ouest citable — est d'un pathos
larvaire…
Raisonnent des hourras à ses crocs écaillés,
Pleuvinent des Artaud à sa tierce molaire :

Je hurle en croc moral, je hurle et je détache
Les siècles imminents de leur sélection
En m'abolissant vrai par le chœur de chair lâche :

Hypothétiquement pareil à ma raison :

Et je hurle ! En hurlant… Vendant des guillemets,

Courbes, accents, ronds, points ; trimant, quidam en

proie

À la propension des liqueurs et des mets

De l'au-delà biffé — quand ma peine est ma proie.

*

Quand Dante me dira de peindre tels enfers,
À mesure des pleurs je dirai personnels
Qu'ils sont dans mon esprit et contre ses revers
L'imaginable éden défleurir mes autels.

*

Des Hesse cramponnés à mes yeux interfèrent,
Quand la nuitée en rade aux versants qui lacèrent
S'architecture Astrie où plus rien n'est de vœux,
Où le silence esthète amarre l'art matheux.

*

Au souffle des clameurs éteignant nos visages,
Par le bleu de tout ciel, par la vague des mers,
Nous avons cru qu'un calme au seuil de tous voyages
Remplirait à jamais nos cœurs crispés d'hivers.

Jaunes balayements de temps adolescents,
Frappent la destinée à coup de vertes fougues,

Mais nous savons, ô mère, à nos corps sénescents

Qu'il n'est pas un tremplin qui puisse ôter leurs fougues.

Un craquement grisâtre — une phase d'Erasme,

Que ne demeure l'aube où nous allions heureux…

Adieu à la beauté

Quand sur une beauté j'abolis ma détresse ;
Que l'eau dans mes yeux pourpre assaille ce Midi ;
Qu'il ne reste, pour tout, qu'une infime tristesse :
Je sens les bleuités du « pétrole », effleuri ;

Je pars, en m'écoutant, l'air fend cent gratte-ciels,
Quand New York, plat, nitide, à ses rais d'acouphène,
Taffe la nuit et l'art de ces jazz sensuels ;
Je fête vespéral la manif, de la Seine ;

Quand sur le lac le cygne arque sa tête blanche,
Que The Doors ralentit le pouls de mes pâleurs ;
Qu'un Mozart reprécise un manuscrit, qui penche,
J'écris : ''C'est sous ma larme un ersatz…
d'enchanteurs.''

''C'est les sens qu'un sursis
Océanise une heure
Où plus rien sur les lits

Ne dort… ni ne se leurre…''

Tel qu'un anachorète au puits de Thébaïde,
Souvent plaît-il le blues dont le nom fait cet or :
Cherchant d'un rire amer la Rose, qu'il préside,
S'en va chanter… ''Huysmans''… et des mots, — de
Mentor.

''Malade… je le suis :
Mourir dans la vingtaine
S'écrit lacrymal : puis
Il faut que l'art rengaine.''

Mourir avant trente ans : la beauté devient chère ;
Le son, le mot, les mers, les fonds intérieurs,
L'amour, le droit de dire, un lieu commun, la Mère,
Les rires : précieux ; quelque Ève et les valeurs…

Les valeurs de la chair, cet espace imprécis,
Les choses de la vie, et le regret sonore :
L'on s'entend implorer, l'on se sent presque occis,
Ainsi bêchant le beau, des Bach… et puis, encore…

''Les arts sont… pamphlétaires,
Bien qu'ils divisent, ils
Crochent tous les parterres :
Ces parvis, ces noirs cils.''

Avouable tourment, je lis des Dante accros,
J'écoute des Bashung, des Gainsbourg archaïques,
Accros à l'existence, à l'étant des Cargos
Qui vont, l'on ne sait où… suggérer, leurs cantiques ;

Eh bien ! je dis ''Adieu !''… Deux syllabes, polies,
Je dis (et… pourquoi pas ?) que l'éden ne sera,
Et qu'il n'est de prière, en ce tas de scories,
Qui puisse se valoir quand la beauté vaincra.

— '' Tout est si… transparent ;
Mon cœur est quelque opale
Chaviré… sénescent
Au fil d'un point, ce râle.'' —

Silence claustral

Je sème des Glenn Gould dans ces mers parisiennes...
Si j'écris que je souffre autant qu'un mal d'enfers
Et qu'il n'est à mon cœur de prouesses hautaines
C'est qu'au moins je ressens : ces phalanges ces fers :

Je lis des Nabokov, des suites de génies,
Des mots bien agencés, des styles surhumains,
Des Dante et des Milton… telles les agonies
S'incrustant dans mes yeux qui restent sur leurs fins ;

Et des Dostoïevski géniaux, qui me tirent
Tout comme des Musil de mon corps sclérosé,
Mais tout ça n'est ce baume et ces graffs qui périrent
Jadis au pied d'un mur : ce solo dévrillé.

Il n'est de mot plus fin que l'écoute du vide,
Sa préciosité c'est le refrain du temps,
La consolation d'un Flip-Flap impavide
Ça se paie en Mozart par ses tafs baladants.

Quand Gilkin supervise une œuvre de Parnasse,
Qu'Artaud choisit ses nerfs et plante son drapeau,
Que Guyau fait son jeu pour gribouiller la face ;
Je pleure à l'encre occise — en ne pleurant moins beau.

Parmi tous les péchés, j'ai commis l'amnésie,
J'ai commis à seize ans les bréviaires noirs,
J'ai mimé des Pink Floyd quand Colli faisait lie
La menace du tout et le bruit des mouroirs ;

Mais alors quand je l'aime, il m'arrive de dire
Que veuf superbement je ne crois plus au mot ;
Il m'arrive d'offrir aux pages un sens pire
Qu'est l'abandon de l'aube en polluant l'hosto,

Pleurer est littéraire en crevant trismégiste ;
Si c'est mon cœur, grêlez ses latences d'hiver,
Grêlez-m'en... et puis, soit… Le pastel symboliste
M'en esquisse l'erreur : la racle de l'enfer !

Le théâtre de l'imminence

I

Quand… passé par le toit des divines demeures,
— Appareillant spectral sur le fa des Mozart,
Je crus que chair fut braise, et ces chrétiennes heures…
L'indécise couleur très sonore de l'art,

Voyant des ''Imagine'' en bleu-perle se tendre,
Exégète clarté de graphie or-sphéré —,
Des Dante et des Milton pianotaient au tendre
Jazz du monde ouaté spleenétique ou rêvé,

J'admirais des Martin Eden, des Achab ivres
Que Socrate intimait de leurs voiles hisser,
(Des Pink Floyd et des Queen firent rythmer les livres
Sur lesquels terrifique un point fleurit archer) ;

Je guettais Mallarmé, Baudelaire, Verlaine ;
Quant au summum psychique : il ne fit que deux tours,

Effluve était couleur… encre : Mémoire et Seine
En m'enlisant nimbé du taf des troubadours.

Les néants de Turner s'opalisaient comètes
Et le Roi de Fischer les fracassait émaux
Quand Gautier prit ces blocs songeant ces ariettes
Qu'un sonnet ligna d'or, de Sète et de rameaux.

Dès lors, quelque main feue empoigna mon visage,
Tandis que des Wagner filaient au Tannhäuser
Ces bleuités des fonds, anamnèses du Mage ;
Elle y cherchait le droit… et l'art d'humaniser* ;

II

« Hosanna s'il s'y plaît, son suicide est râle,
Le fléau marié c'est son sursis latent,
Je l'embrasse et j'en fais ce Duprey sans chorale
Qu'il m'aime en me phrasant de vertèbre et d'accent ! »

Lennon fait l' « Imagine » ; un vert ''A'' danse rose,
Les Courbet, Les Van Gogh virevoltent savants,
Ciels électrifiés qu'un beige hymen éclose ;
Et moi ce Vespéral scellé vers vingt-cinq ans.

J'entends du sel antique et je relis des larmes,
Et Sirène et Sorcière ombrent l'Arc parisien,
Mille Corbeaux de Poe à Valéry ses Charmes
Notent qu'un vers est vers par tel vers olympien.

Des mots dans la chaleur gagent Elsa puis Teste,
Et je ressens ces hauts grêlons universels :
Tous mots écrits, pensés, de la paix à la Peste,
S'intègrent à mon moi par Hyade et missels.

Les New-York, les Oslo, les Beethoven d'Asie,
Tout se noue en topaze, en un simple fil d'air ;
Quand l'expressivité chante ''Imagine''… et crie
Que le charnier humain sème son nouveau fer.

C'est la manif de l'âme aux Orwell étatiques,
Qui tord maestria des Gainsbourg assertifs,
C'est l'ongle du mineur, la bêche des cantiques
Qui creusent bêtement ces hommes perceptifs ;

Des Huxley premiers-nés percevant messe et gnose
Gravent dans mon cerveau des îles et des torts,
Tandis qu'aux Proust sertis à l'amen de la rose
Des Kerouac défont l'art des extrêmes transports.

En me voyant je guette un Faust en ma matière,
En rumeur allemande (averti des rumeurs),
Je guette ma partie où même la civière
N'a pas osé baisser d'un cran dans mes clameurs.

Les six cent soixante-six noms de la Muse

Sa moustache freudienne est son obsession ;
Poète quand il veut, quand il sait sa raison,
Il rime amen-crimen, c'est qu'il n'est que mon ode :
Il me nomme ''oréade'', ''hyade'' ''Elsa'', puis rôde :

Il me nomme ''Amalia'', ''Vénus'', ''Anastalise'',
''Élinore'', et plus las des noms grecs de valise ;
Mais ''femme'' plus jamais… encor qu'il ait son tort
Pour nous faire spectraux de la pourpre à la mort.

Je veux qu'il me regarde en regardant mes maux,
Et non plus l'égérie en cloître, en madrigaux,
Pour moi je veux qu'il souffre et toujours plus qu'un
frère ;
Je veux qu'il crache un fiel de brute et de prière.

Inconsistant poète est-il en ses rapières,
Qu'il appelle ''chair'' : ''chair'' ; les mots roses des
serres,

Qu'il appelle mes yeux regards de femme, car
Il ne sait démêler telle arène et tel char.

« Son regard est lexique, artistement captif,
Je ne peux la décrire en sentiment plaintif ;
Et, dans la nuit, quand j'ouvre un croquis de poème,
Je ne peux du réel peindre comme je l'aime. »

S'il m'aime il lui faut l'art et non plus ces ''Sirènes'',
Ses boniments freudiens n'attisent que mes haines ;
Ses histoires de ''nonne'' agressent mon vagin
Et sa mythologie embrume mon destin.

Qu'il parle donc de l'air avec lequel je meurs,
Ou s'il veut dessiner avec ses doigts truqueurs
Qu'il clame que l'on s'aime avec de viles larmes
Quand ce n'est pour pleurer ''sa statue et ses armes''.

« Je regrette d'avoir esquissé les méandres
De la féminité prise à bout mise en cendres,
Si ce n'est ce poète il s'agit de parler
Quand plus rien n'est l'office avec ou sans clocher. »

Qu'il parle donc ! Qu'il dise un mot valable et pur !

Sa ''Reine-Belzébuth'' n'ignore son azur

Que parce qu'il par peine écrit sa mer de fange

Et qu'il se peut qu'il soit au-dedans l'extrême ange.

''Philippine'', ''océane'', ''opalisante aurore'' ;

''Princesse-Méphisto'', ''l'adieuse'' quand il dore

Ses vers libidineux de mouroirs et de croix,

Quand il sait qu'il se trompe et qu'il n'est plus de voix.

''Bohémienne'', ''Transi'', ''sylphide d'éclis blancs'',

''Belle adieusement'', Faust qu'il s'en aille à ces bancs

Pour dépeindre la femme et non plus sa tristesse

Qui lui manque humblement, ''Babel'', ''Devineresse''.

''Bacchante'' puis ''succube'', ''Abalam des Verlaine'',

Qu'il se regarde en face et qu'il bêche sa ''reine'',

En ''minuit bleu'', ''proustienne actrice de mon moi'',

Qu'il divise les sens des ''Delphes de son roi''.

Increvable poète aux surnoms d'yeux crevés !

Qu'il faille le tuer de palabres assez

Sulfureux pour le pendre admet ma ''beauté froide''
Qu'en son cœur je césure en ''glaive amant et roide''

Que ne demeure l'aube

Si coi, l'ange criera famine… des dorures
L'enceindront roi du vieil élément affectif
De voile à voile éthique au rapt des argentures
Qui dresseront pour lui l'Ode en slave manif…
Il sera mille Achab' des largueuses instantes,
Cherchant quelque aeternam qu'en sa chair il pressa
Par la loi de la larme et ces îles tocantes
Qui fouillèrent en lui l'ascétique diktat.
Las, tout est de sa faute… il lui faut en esthète
Des gravats de l'étant, des rondes de l'appel ;
Ces cabanons tôlés, ces ciels bruns, sur sa tête
Le pressent au vent fort de l'extrême archipel :
Il y cherche des Jung dans tous les étalages,
Pleurant psychique au ban du plus bel encensoir ;
Et des nimbes crispé ressent l'âge des âges
Que pour pleurer il tord revendant l'art du soir.
Des Jung sortant du sable - et des mers parisiennes,
Loyaux de métaphore et pour croquer (:) le pain
Se divise en deux sceaux ; tels que des Capitaines

Au barde s'en remettre au kéfir du Malin !...

…

Criant famine, il vainc les chars des "Apocopes",

Les boutons d'or que sarcle un Hemingway mescal ;

Puis, psychanalytique ange qui fait ses tropes,

Il palabre en boisseau ses Lys ; de taf sacral !

…

- Sous le Volcan des Mann que ne demeure l'aube…

Aeternam : l'or déchu des légendes captif ;

Qu'un ange soit son double… et qu'il tarde ou qu'il rôde

Promet le tors climat des continents tardif…

Siddhartha s'est perdu pour d'autres souvenances,

Revenant comme un fleuve : au fleuve de l'intact :

Cet ange lui ressemble en fontaine des ganses

Qui l'ornent Olympio des tristesses exact.

Souvent, Anastal pleure en ses diurnes voyelles,

Se corrompt-il qu'il boit au calice des jours ;

Et s'il n'est pas lui-même il peut songer aux veilles*

Quelque auroral esprit et tel corps dans le cours..

En la nuit soleil-chrysanthème

Dans le froid assassin des plaintes ocre et denses,
Parmi les densités des fièvres et du Tort,
En la rue ''Imagine'', en chantant lors des danses,
Fracasse bleuités les Clochettes du Mort ;

Phosphorescent le ciel des calvaires mythiques
Exsude un diamant craché de perles d'or,
Si chanter ''imagine'' est déloyaux cantiques
Je suis pour mieux pleurer les douleurs du Mentor.

Quant aux sens du souffrir la grève s'intitule,
Je marche azuremment comme antéchrist, au ras
Du bitume éthylique au feuil qui me fabule :
C'est le feuil grec des cieux suggérant, là-bas, las.

Suggérant las le spectre au chrysanthème insigne ;
Ses yeux ont la valeur de la nativité,
Quand tout, malgré tout, chante et fait écho de ligne
Vers mon cœur ; ce pensum de la passivité.

C'est donc moi, parmi lune et les Loups des peuplades,
Impossiblement mort qui danse, chante et bois,
Comme un mystère attend le mystère des Sades,
Comme un chat mystifie une chair sans parois.

Il me semble connaître, en nimbant mes pensées,
Ce veilleur de la rose arborant en forçat
Ces Lennon sertis d'encre au rouet, de nos fées,
Il me semble pleurer Pythie-or, comme ça…

En la nuit de poursuivre… En la nuit de poursuivre…
J'entends anges mescal et Nombres de parloir,
Je vois des ''fa'' couleur de quelque oriflamme ivre
En ce ciel se confondre et si ce n'est qu'un soir,

Je sens la peur biffer les sentences claustrales,
L'être en éviction, pour ''nommer le soleil'',
Pour soi-même être soi sur les mers, dans les râles,
N'est-ce soleil du jour tel qu'il se perd vermeil.

Je m'en remets aux fonds, aux fonds de l'insomnie,
Replié, qu'espérant je ne puisse chanter

Mes mots couleur de rien, couleur de l'Ophélie,
Pauvre cœur Ad Vitam, pauvre rien d'innommer…

Je suis ce chrysanthème et mon amphore, en Seine,
Rêve ces ''Imagine'' aux lèvres, et corps-sel
Je vogue azuremment, azuremment sous peine
Qu'il me faut effleurir le bleu déchu du ciel.

En ce regard moral…

Siffle automne ! Sifflèrent
Les psaumes paternels ;
Sifflèrent les bons ciels
D'ombres, qui ne filèrent…

Imaginez vos yeux, que feriez-vous de mal ?
Vous avez l'or des doigts et le nimbe de l'Ange ;
Vous êtes fou du fils qui par vous meurt phalange,
— Ad vitam qu'une rose à l'éclat, sépulcral,

Vivre sans de vous l'art des feux de Prométhée,
Nul signe ne m'étreint, nul défilé de morts,
Quand cher de tout mouroir je ne puis de trésors
Arborer dans mon Soi quelque élan de Trophée.

N'est-ce blanc tombeau d'art que j'alite en ma chair ?
Semble-t-il que l'avant ait volé l'Avenue…
Chantèrent les Paris d'une Artémis déchue
Qu'en mon cœur je songeais tari d'ombre et d'hiver.

Siffle automne ! Sifflèrent
Les psaumes paternels ;
Sifflèrent les bons ciels
D'ombres, qui ne filèrent…

Imaginez ! L'entrée où les Chars se font Tours,
Comme un sommeil fané faire miroiter l'astre,
Telle une guêpe au jeu de la fleur qui s'encastre,
Tapageurs nous nourrir et nous sauver vautours.

Imaginez nos bras dans le grain des marées,
S'encourageant à vivre, à vivre humains de sel ;
J'accuse mon visage et ce mot solennel
De n'être, qu'importe, âme et cime de tranchées ;

Mais plus qu'imaginer, il faut que vous m'aimiez,
Il est tard, minuit sonne — et l'âge capitule ;
Aimez-moi comme un mort car nul ici-bas, nulle
Plainte ne pourront feindre à ces maux, insensés.

Siffle automne ! Sifflèrent

Les psaumes paternels ;

Sifflèrent les bons ciels

D'ombres, qui ne filèrent…

Ainsi ville-fantôme

Je suis ville-fantôme au soir des sérénades,
En moi la seule bêche est celle qui dépend ;
Puisque l'aube est mutante et qu'il n'est plus de rades
Je m'imprègne de gris et de noir et de sang ;
Je suis ville-fantôme au soir des sérénades…

Ainsi ville-fantôme aurai-je une part d'ange ;
Sanctification que la paix naisse en chœur,
Que brulèrent mes yeux captatifs de Mélange,
Qu'en moi pauvre prélat la manif de rhéteur
Ainsi ville-fantôme aurai-je une part d'ange ;

Si je fus Belzébuth ; oh raturez ces nimbes !
Artistement fondu dans l'époque du Tort,
J'irai comme un chaman ; oh meurtrissez les Limbes ;
Abuser la chimère à petit feu ; tel mort
Si je fus Belzébuth ; oh raturez ces nimbes !

Poème archaïque

Les rayons gravitant de l'âge millénaire
Balisent l'inconnu qu'un testament soit père ;
Et faites Méphisto dans moi l'amour aimé,
Jusqu'à tant qu'Andromède en Paris ; suis-je né ?
Car, il me semble, las, qu'improuvable est la terre…

Elle me semble triste… et sa chair n'est bleutée
Que par mégarde et l'art de se prêter sa fée ;
Qu'on m'enseigne les riens et leurs blocs de Levant
Pour supporter encore un Tout alanguissant ;
Je ne sais plus survivre aux racles de la plaie !

Ainsi moine sans feu je dirige mes voiles
Vers où l'on ne sait vif admirer les étoiles ;
Quand le ciel ploie et craque en des métaux de Styx
Je m'engage à l'oubli si ce n'est qu'un phénix
Puisse surgir en vrac faire gloire à mes toiles ;

Je viens d'exacts édens des moindres argonautes

Périr superbement apprivoiser mes fautes ;
Celle qui me fit homme éradique mes yeux ;
En vertes lésions l'ordre des mes aïeux
Exhale malappris de ferreux astronautes ;

Ces mers sont presque opale, or — il y gît la trouille,
Du fer, du sang, la bûche et ces baigneurs de rouille
Larguant le théorème infaisable du Tort,
Mentant qu'un menteur ment si bien qu'il en est mort :
C'est leur fils décisif sous Dédale s'il fouille,

La trouille que l'on nomme en toutes avenues
C'est ce fils qui l'exsude à grader ses statues,
Lorsque jadis il tut de la passivité
Son mescal souvenir sanguinaire et cité
En exergue des temps les lettres débattues…

Il a vu comment meurt l'humide des Minturnes,
Comment s'endolorit l'œil dans l'axe des urnes,
Pourquoi comprendre un monde a-t-il même compris
Lorsqu'il n'est qu'en clartés les ombres des replis,
Des milliards de chairs les sécables Saturnes.

L'or dans le fer s'il rêve extrêmement l'accable :

Il vient parachever quand il le croit palpable ;

Manif des océans le maelstrom de son roi

S'enfuit continental en pupilles de soi ;

Océanaute... aux fonds ''HELP'' abortif l'ensable.

Diaphore lunaire

Retors de vespéral - Diaphore en lignage,

Martyr assermenté pour crever tous ses doigts,

L'échafaud, au sommet des hantises des rois,

Se construit symétrique et trophée en la Page.

Qu'un art bénisse un veuf maudissant maint adage

Quand placarde un Satan l'écriteau de ses fois,

Il lui vient de chanter son fumet aux abois :

Qu'une messe parleuse, en trompe-l'œil, saccage.

Fou-furieux Poète hérétique au billot,

L'écritoire se plaque… et parmi bile et flot

Cette encre de guignon s'envient bêcher s'il flamme :

Hélas, l'Aède en proie aux rythmiques des preux,

- Ravalé tel vrombi de leurs pamphlets matheux ;

Fait œuvre de Pantoun de polir l'alme Lame

Tristesse d'Octobre

Sur les pavés très las de la ville attristée,
Quand le soir rend le deuil et qu'il n'est de pensée ;
Quand tout s'endort très pur - ou là-bas, presque hiver,
J'aime sentir l'exact sentiment de l'enfer
Sur les pavés très las, de la ville attristée ;

Et, semblant me transir tel quelque oiseau de Loire,
Je m'avance, éthylique, aux sept ciels quant à croire ;
Encor n'ayant pas fait les vœux de me quitter,
Encor faudrait-il l'art d'un quelconque Clocher ;
Et, semblant me transir tel quelque oiseau de Loire

Je guette l'aperçu, les esquisses des Stèles ;
C'est ce seul alibi fort parmi ceux et celles
Qui commettent l'erreur de haïr tout pour rien,
C'est cette esquive insigne en éveil saturnien ;
Je guette l'aperçu, les esquisses des Stèles

En rêvant indolore outre l'or d'un ciboire…

C'est ce pays d'octobre et d'enfer à s'y croire,

Paraît-il qu'il paraît ce sentiment du Mal,

Paraît-il que la fin sonne midi moral...

En rêvant indolore outre l'or d'un ciboire...

Spirite insomnie

Le long des teints blanchis de l'insomnie amère,

Tu crois pouvoir chanter ta pareille atmosphère ;

Crois-tu pouvoir danser ces danses de ces morts

Quand l'absinthe abolit — tes paumes — de mentors ?

Tu crois pouvoir chanter ta pareille atmosphère

Au départ sommeilleuse aux tréfonds de la terre ?

Briser l'Audition si mienne elle se tend

Vraisemblablement vraie en véritable étant ?

Briser l'Audition si mienne elle se tend :

Spirite affreuse dame — en écriteau battant ;

Ainsi diable la table arbore un chant de muse

Que tarit ce maelstrom non des moindres s'il fuse.

Vraisemblablement vraie en véritable étant ?

La Seule de la nuit, comme un frisson souffrant,

S'incorpore en regards extrêmes d'insomnie :

— Tels endiablés phénix : la soleilleuse Astrie !

Bis repetita non placent

Quelque éden nonpareil des Dante inadmissibles,
En détestations lacère deuils et bibles,
L'or de l'être raisonne à qui veut le prétendre
Pour du madrigal clore une cloche où se pendre ;
Quelque éden nonpareil des Dante inadmissibles.

De ces gouffres trop lus la triste redondance
Transparaît quand plus rien n'est à dire en potence ;
Quand ne plus rien récrire admet ces fiers néants
Où l'on se blottit rois d'inégaux firmaments
Tels ces gouffres trop lus nous tristes redondances.

Quand tout est répété faudrait-il larmes grasses ?
Thorax répercuté des trinités voraces ?
Yeux entre l'hérésie et le chaos suivant ?
Ou plutôt ce mutisme - émail de notre sang ?

Quand tout est répété nos pleines larmes grasses…

Tout asséner rythmique au fond des landes preuses,
Où, parmi quelque atoll, quelques âmes menteuses,
Ce moine psycho-chic ravale ses fatras
Et revient sur ses pas chantant des jazz, au ras
De s'asséner rythmique au fond des bourbes preuses.

Ainsi va tristement de ce tableau mnésique,
Ainsi va-t-on récrire amour, peine, supplique ;
Allons plutôt nous taire au concret soleil tors
Et dormons sans rêver sans plus d'arts que de torts ;
Ainsi va tristement de ces tableaux antiques.

I

Le soir s'ils lisent fort c'est qu'en leur chair l'aurore
En poinçonnant l'hosto dépare leurs sonnets
D'ors élisabéthains plus qu'art de pore à pore
Savourant chaque esquive au gong des chapelets.

Quand mourir cent ans cuit sur leur face estropiée,
Malheureux dissidents qui n'importent pas mieux,
Ils s'en vont dans la nuit palabrer leur trophée
Qu'ils se pensent plus rois que les tronches en pieux ;

Par les tronches en pieux ils se pensent sensibles,
Se baladant en rade où qu'ils soient à chialer ;
Furibonds talismans qu'en automne cessibles
Dont le flash bedonnant les venge à les racler !

II

Crierait-il mendiant des plombes opalines…
Sœurisant ses ruines ;
Serait-il, roi des rois, qu'il attende, parfois :
L'âme-sœur de ses fois…
S'il ressent s'embraser morale en ses rétines

La bougie aux cantines ;

Se peut-il qu'il parvienne à l'enfer, tant de fois ?

Loin de lui l'œil croché par la beauté tocante,

Il n'est lui : s'il se hante,

Il s'y foudroie au pas d'ordre et d'aspérité.

L'amour, à point nommé,

D'un gouffre maltraité par la course bouillante,

— Barreuse, expropriante,

Se mêle rhapsodie au dais presqu'orbité.

Symphonie de la solitude

C'est alors des Camus dont les rocs font des îles ;
Et parmi le paraître et ce flot de maquette
Il reste des Led Zepp quand mes pleurs versatiles
Se grèvent baptismaux : tels cadrages de Sète,

Il reste Valéry comme Ponte des deuils,
Pataugeant effrayé par la pâleur des docks,
Il reste… Eh bien des Kant et des Freud, ces écueils
Qui parfois deviendront ce sommeil des paddocks ;

Que reste-t-il des fins et du summum spirites ?
Hugo fleurdelisé, puis des Gilkin en grippe,
Le talent coûte un cens pour exhumer les sites
Où se calqua la rose aux Doors béants de lippe.

Jack London reste-t-il… Ce pur Martin Eden…
Ses séraphiques mots ; ses enjeux sans amen ;
Des Orbes, le crois-tu, dès la prose-crimen
Qu'arborent fiers et forts mes spasmes d'abdomen ;

Que reste-t-il ? Des Goethe… Et des Nietzsche en
savates !
Et moi… quant à pleurer : je pleure inabreuvable ;
Quand toi : l'adieuse, admet les moins brillants stigmates
Qu'en ma chair je t'offris en Dalí presque aimable.

Reste que nous pleurons, sans mémoires ; encor
Faudrait-il pleurer plus que le maelstrom des temps,
C'est qu'il faudrait hurler de la haine au Mentor
Des sons jamais innés et leurs bars attenants.

— La ruine d'un cœur ça se compte en Verlaine,
Ça se compte denier des trois mythologies,
Ça se pense amoral et ça se lit déveine,
Ça s'honore si taffe un Proust d'analogies. —

Et dans la Seine un lac de Cygnes se fait Graal,
Si c'est seul que je meurs carminé de ce bal,
Je veux de ce soleil ce bleu sacerdotal
Qui me fit nouveau-né qu'en répons vespéral,

Mourir mille ans n'est pas l'esquisse des satanes,

Ni Salem de mon moi les raisons les plus fortes,
Mais le parchemin triple au tréma des platanes
Desservant le plein-être et leurs bans en cohortes.

Dis-le-moi si tu fuis… Car je fuis plus que l'art,
Je fuis… et j'entends l'art derrière moi, si lent ;
Si lent que je le perds en ratant ce départ
Qu'est l'adieu de ce graff tanguant, tout autrement.

Des Platon, des Kerouac, des Tables d'émeraude,
Comme si ressentir était le jeu des sages ;
Et comme si comprendre était le dé qui rôde
Aux aléas des riens sous l'or, des azurages !

Je veux un seul instant ; un instant même loin…
Que la paix me transisse et qu'elle dicte un mot,
Non pas un seul… car nul être n'a ce chemin
Qui puisse supporter tels gravats et tel flot ;

Les émaux de Gautier… et Duprey qui prend fuite :
La poutre de sa fée a supporté la peine,
Elle a ployé d'un rien pour qu'au plat de ce rite

Ruisselle quelque mort comme un aigle qui traîne :

Toole, Nerval, Gary, Dagerman, Tucholsky,
Des millions d'affects, de sublimations,
— Au crâne de Rodin ce Royaume enhardi
Par les lettres… ce crack des Chœurs d'abjections !

Alors, pourquoi ? Pourquoi la fuite décisive ?
L'erreur des fonds, la trouille, un cauchemar de leurre,
Pourquoi… quand il fait froid même la fleur captive
S'enterre fièrement quand son parvis s'apeure ?

Si tu le veux, écoute… écoute jusqu'au soir ;
La symphonie, écoute… un terme d'au-delà ;
Écoute, une complainte… un vœu pur, de mouroir,
Écoute… si tu veux… et relis : ''En cela… ''.

« La Steppe mal larmée »… est symbole du vide,
Jusqu'à tant que s'éclose une goûte de vigne,
Jusqu'à tant que le ciel fasse pleuvoir le guide
Qui prédise l'horreur puis l'énergie insigne…

Lis-moi… comme si… spectre… il manquait quelques
vers,
Comme si tout semblait… détruit, lointain, mourant.
Lis-moi comme si, mort… Qu'importent tes enfers,
Je n'étais qu'un poète au Guignon, subsistant…

Comme si l'horizon ne t'était plus physique,
Et que tout, parmi tout, t'était brume et pensée ;
Et vois… Alors vois ! comme un semblant de cantique
Réaffirme sa mort et l'élève, encensée ;

— … (Qu'importe si tu vois de glauques nimbe et feu…)
Parmi ma solitude… il me semble divin
Q'un frisson dans le dos ma parcoure en tout lieu ;
Qu'importe… d'où qu'il vienne ; et s'il vaincra la Fin…

2.

Désenchantement

Le Carnaval des pitres

Quand nous déchoyons bas au Carnaval des pitres,
Nous voyons des pochards et des taulards… Ils ont
À taffer l'Ale un œil-crève. Au ban ces bélîtres
Oient les bravos envers l'abêti Rodomont ;

Mais aussi ces crevards aux loques arlequines
Bavent des mots disjoints de fiel de Mardi gras ;
Nous les voyons tambours et liesses porcines
Fêter leur défaillance et la fièvre des rats.

Et plus trictrac le Bal les rend épileptiques,
Comme cafards en transe ils nocent ces Bagnards ;
Ah ! mais voyons leur nez de trognons asthmatiques ;
Comme c'est si beau, stop ! fessons ! pan ! ces…
fouettards !

Screugneugneu ! ces sacrés Nullards, pis ! ils bécotent…
L'écureuse babille un « je t'aime » à son mac,
Prémices de partouze et voilà qu'ils crachotent

Tout leur sale confort ces bienheureux en vrac !

Eh ! Les pitres fêtant les bêtises savantes !
Ah ! comme ils sont humains ces humains Charognards ;
Le sacre bestial des leurs fauves bavantes,
Comme ils sont trop broutards ces triplés salopards !

Et puis, vlan ! ça se marre et trinque leur misère ;
Tels si nous les voyions comiques du linceul,
Chimériser leur mort et construire leur bière
Avec des confettis aux couleurs de cercueil ;

…

Faites-nous en part ! Argh ! qu'on danse mortuaires !
Vendez-nous vos bonheurs qu'on les vende au syndic ;
Bachiques Revanchards des luxes prolétaires !
Eh ! Flip-Flip doctoral… instruisez-nous du hic !

Mieux vaut que leur laideur ne soit pas à la quille,
Car leur face ! ô Seigneur !... c'est des pus romancés…
Sûr que nous vient l'envie atroce qu'on les drille

Tout en les balafrant de rictus terrassés !

Luxure chrétienne

Quand je vois la débauche aux luxures chrétiennes
Qui vont de l'erratum jusqu'au sacre des Cènes,
Quand l'élu se confie en ses contritions,
J'en fais le rapt et rosse en métriques dictons :

C'est un homme de bien celui qui s'est mité
À la femme guimauve au flux dynamité
Du neurone à la trogne, et poule bambocheuse
Caquetant à la glèbe et des Cieux, disetteuse.

L'indigent qui babille un je t'aime-ascaride,
Le voilà qu'il épand sa note antiputride,
Pleurer pur sacralise et la prieuse en As :
Sa Marie-en-salope est chérie, en tapas ;

Et bien ! leur dieu s'en mêle : autre sperme-élagueur,
— La fécondation chinée au brocanteur,
C'est émouvant de croire au divin patrimoine :
Ça se gueule plus haut qu'un quidam muté moine ;

Ô les « je prie », et vœux drillés nécromantiques,

Comme ils sont beaux ! les saints forniquant acétiques !

Vilain péché ! votre âme ! et bien soyez damnés !

L'autodafé ! ce clash, ça s'exhume en vos nez.

Diable… S'ils voulaient l'Ère où tout n'est que beauté…

Mais tel Diable, non point, il gît en aparté,

Des « je t'aime » et leur dieu, la baise pour la baise,

Tel bien par l'Hameçon et tels tenon-mortaise.

Et bien ! le prêtre est leur, ils feront la confesse,

Ils ont commis l'erreur plus graisseuse que fesse,

Mais l'absolution les saura d'un amen ;

Valsés comme des saints de leur verve en hymen.

Car sûr que ce badaud cagne devant l'erreur,

En mystique il se pense obsédé d'impudeur :

« Je dis des mots d'amour et j'ai Dieu comme force ! »

Il s'y grise, adjurant l'autre jusqu'au divorce !

Secrets que nul ne sait, mais dans son for psychisme

Il fouette l'hosanna par sadomasochisme,

Dieu Trismégiste ou Peste, et ça rompt un hymen
Le laps de temps qu'un fiel remâche, son éden.

« Mon père, j'ai péché ! » — Fusion de phallus,
Et le mal s'évapore en psaumes jusqu'aux us ;
Ça se grime « je t'aime » en dictions chrétiennes
Qui se moud et s'ingère et s'inhibe d'antiennes.

Le prêtre : « Moi de même, et ma main sexuelle
Ne me fait plus jouir de Rouste graduelle,
Je cherche le Sodome où blettir mon amant
Dont le phallus ferait mon corps : l'affalement !

L'habit ne fait pas l'âme ! Aurais-je à mon parloir,
Avec un penser chaste et sans mon déversoir,
Un pécheur au phallus en mignonnet calibre
Qui se lamenterait, que s'éploierait : mon chibre ! »

L'autorité de la poésie

Du pet s'ils ont l'oreille et la raie inversées
C'est bien que leur cantate étarque leur droiture,
C'est qu'ils ont bien raison de crâner leurs pensées
Et leur asthme est un taf de rimer la bavure !

Et quand la Moraline argue leur transcendance,
Les pleurs en didactique et les gnons de fumiste
Émeuvent les Taulards de la taule en cadence :
Ça cadence ô la dalle en prend un coup de Kyste !

Parfois des vers sans sens les font fiers de bistouille,
Ça clame des Hermès Trismégiste en bravoures,
En dogme aussi messeux que la messe-bredouille ;
Partisans qu'on voit paître au pic des brachyoures !

Ô Mystique ! Ô voilà les salopes Doctrines,
Ils en sont si mutés que leur cul les Dimanches,
(Pédantesque et Dantesque et de docteurs-bibines),
Se chine de flip-flap les broqueux des romanches !

Et ça rime sévère ! et doctement ça clashe !
Quand ça s'émotionne il faut chialer jaune,
L'art ne mérite pas un pleur qui s'amourache
Mais qui fait succomber la Madone au Béjaune !

Et puis leur stance grasse à fesser de bronchite
Prétend l'illusion que seul l'art purifie…
Donnez-m'en un de vierge ou qui se félicite
Je le ferai charnier de la beauté bouffie !

Mais il faut fêter ça ! Les fleurs et les ténèbres ;
Trouver de nouveaux lieux à ces contemporaines ;
Couiller le verbiage à ces vétilleux guèbres
Et pour qui le snobisme éboute les haleines !

Et les fêtards sont purs de leurs loques les gueuses,
Et si fêtés tels qu'ils sont bus jusqu'à la lie,
Des ouvrages savants de Hyènes barbouilleuses
Concatènent la bile en nausée assortie.

Les Rimrim et Baubau servent d'Antiphonie,
Une excuse bâclée et leurs trognes exsudent ;

Monopole à tout prix pour des vers d'asthénie,
Sacrés par la javotte aux peps qui se transsudent !

Et leur militantisme est promu sans rimailles,
« Idéal, Pur, Azur » ; et consort à leur gerbe,
Par qui de droit nouvelle aurore de mitrailles,
Et l'adoration pour les secteux du Verbe.

Ils sacrent tout, l'or monte à ce qu'ils croient leur crasse,
Souscrivant l'âme aïeule à leur exacte angoisse,
Et dépeuplent ce qu'est la fécondable race :
Celle qui n'admet pas qu'on fouette sa paroisse !

Ni par-delà, ni haut ; mais leurs suppôts s'exhument,
Des spectres plus chéris que leur horreur chérie ;
Pavoisant leur science aux vocables qu'enrhument
La fierté de leur pet et le pet de la vie !
(Ce qu'est la poésie !)

Amen séminal

Leur amen séminal et leur plèbe en soutane,

Ça se lynche plus sot que mouchure et chicane ;

Et le Pape est maté croyez-m'en j'en suis né ;

Eh ! telle la guinguette au populo, christé !

L'écureuse catho leur fait don de fripouille

Quand survient l'hématome en la plus grasse couille ;

Et de fait notre père en acmé de son Don

Jouit sur la Marie aux baves de son con.

Les métriques dictons chinés en matineuse,

Font que la plèbe louche au bâtard, à la gueuse,

C'est tout un rut qui prie au pur comme aux rouleaux,

L'éthylisme avortant les rejetons astraux !

La pureté, belle ode, axiome aux molaires,

Ça leur bûche la verge au gré de scapulaires,

Ça féconde l'amen de sexe et d'apartés ;

Dites-m'en car la mienne a condamné son nez.

J'ai parfois entendu le prêtre à quatre pattes,

Couiller face au seigneur jusqu'au péché des rates,

Ah comme c'est si beau de paître l'Omerta

Quand la plèbe fait jeûne au profit de Stella !

— Leur amen séminal et leur plèbe en soutane,

Ça se lynche plus sot que mouchure et chicane ;

Et le Pape est maté croyez-m'en j'en suis né,

Eh ! comme la guinguette au populo, christé ! —

Le saligaud sectaire éructe sa pitance,

Comme à ce rez de Cène, accordez-m'en l'outrance,

Donnez-m'en : que pouic au festin du crevard,

Aux biles de la Taule ! Eh ! le sale broutard !

Nul ne saurait mieux dire : un vieux pénis d'Augure,

Qui fait tata confesse et chauve boursouflure ;

Croyez-m'en je fus docte et pitre de ce rot,

Et Dieu m'a dit : « Garçon, Saint et pervers Grelot ! »

L'un s'étant confessé n'a mangé que des merles,

Qui bave advient prolo quoique saqué de perles,

Avec la croix en plus, ce sarcloir de tout mal,
Et la bible amnésique en putain du rital.

Renseignez-m'en ! le prêtre a béni ce poème :
« Vrai comme une bamboche et doux comme bohème !
Ma main n'aurait pas fait ma pine s'éployer
Aussi net que votre aise à vous la pardonner ! »

— Leur amen séminal et leur plèbe en soutane,
Ça se lynche plus sot que mouchure et chicane ;
Et le Pape est maté croyez-m'en j'en suis né,
Eh ! comme la guinguette au populo christé ! —

L'éloquent Lombric

Quand le monde entreprend de percher sa boutade,
Et que frivole au ban l'homme en soutient le hic,
Qu'il n'est d'autorité que la légende en rade,
Tout devient l'aparté de l'éloquent Lombric.

Voici la glotte en sceptre, et nimbé l'épigone
Soit pisseux soit pesteux d'un vocable éthéré :
« Écoutez-moi je suis telles nonne et madone !
Croyez ce que j'écris et d'un caquet poivré ! »

Et le dogme chrétien au millier syntactique,
Peint son sexe d'amen dans l'espoir de plus bas,
« Voyez-moi l'espérer ce pou cadavérique
Quand la foi me convainc le messie aux abois. »

Le dab toujours en guivre admet qu'il collabore
Au crasseux de la fange, et pour dorer tel kief
Distille en péroreur le temps que ça pérore
Pour rehausser secteux l'air qu'il pense être nef.

Comme un nazi coiffé de kippa, s'il en crève,
Ce n'est que d'un aphone en son crâne étriqué,
En neurone émondé d'autres cloqués en grève,
Celui d'horreur qu'empierre un même recliqué.

Aux porte-à-faux, faiseur des gnoses théâtreuses :
« Le paradis décampe ! Épousez les enfers,
Vous vous y parquerez en joliesses glaireuses
Et vous vendrez la paix à veuver l'univers. »

Dans l'engluement bavé des êtres psychogènes,
Crisse au plébéien ce bedeau controuvé,
Qui se pierre amateur des rixes exogènes :
Ça spasme un pourparler au Prédicat lynché !

Tel un pou qui s'espère il va nécromantique
Rechiner sa boutade en l'émotionnant,
Supplice du suprême en gerbe sporadique
Que nimbent de bonté les hubris du néant.

Mystifié s'il l'est de suivantes déveines,
C'est grâce au dissolu de ses dévotions,

Mité d'âme acnéique et de chairs inhumaines ;
Voyez-le se guérir d'arts en dérisions !

C'est qu'il fornique en proie aux instances gothiques,
Il vomit tel diktat au gré de tel péché ;
Il s'essorille au son des misères auliques :
Ah ! comme il est bedeau ce bedeau pastiché.

Mais l'exode il le pense, et de fières misères
S'image impérial par ceux trop remâchés,
Ça racle : « Ô Dieu mon chibre, ô femmes baptistères ! »
Et ça recause un siècle aux thèmes harnachés.

De pauvreté hautaine (il n'est pas trop infâme),
Il zieute l'au-delà d'un œil bien trop prieux,
Et cagne face au vide inné qui le desquame,
« Je n'ai pas Mérité que se vengent les cieux ».

Ah ! démérite et fièvre esquintant son neurone,
Il veille sa jachère : un Satan casuel
Comme une tripe oyée à son cœur qui détone ;
Voyez comme ça bûche et la vie et le fiel !

Comme un nazi coiffé de kippa, qui décore...

Comme un nazi coiffé de kippa qui décore...
Ça casque l'étendard du contraire et s'honore.
Ça crache quelque haine et dès quelque or malsain
Rechigne du confort son symbole mutin.

Ancestrale et mouvante à l'homme qui s'évêche,
Iridescente ou glauque à l'histrion revêche !
L'opprobre, s'infectant au merveilleux du ciel,
Concasse de sa bouse un pasteur tel un fiel.

Salut mnésique au crâne et peuplé de la fange,
À qui de droit pauvreux plus laid que son archange,
Pullulant pauvre père et qu'expurge des sols
L'emblème au recausé qui se pâme aux viols.

Ivresse des sans-cœur, ça lorgne l'écureuse,
Ravi d'extase en lice envers l'horrible gueuse,
Ça sarcle la pensée en double étau de chair
Pour se convaincre vif de son centuple enfer !

Comme un nazi coiffé de kippa… chatouilleuse

Comme un nazi coiffé de kippa… chatouilleuse,
Maint poète écœuré de bible et de berceuse
Se nimbe d'un sanglant plus honnête et nacré ;
Comme celui du diable infaillible et sacré !

L'on discute que Dieu c'est Chibre de l'esprit,
Tels ceux mus à la chair par le larmier proscrit ;
Quand l'âme au puissant deuil déclose en graff des Cène
Peint le sceau de Satan plus qu'incessible haine.

Au ban du Styx, l'aède, adieusement presque aube,
Sitôt Maris Stella plu de l'art se dérobe ;
Gerbant son incurie : amens ventriloqueux
Du saint bal de mnésie et croît contre-messeux.

Fantasmant le lingam des sciures des vers,
Estomaqué de fiel par la baise en avers,
Son encre se rayonne en aréneux symptôme
Qui recouvre létal de faulx le premier psaume.

S'il brise des espoirs, des symboles, des cires,

Des combes, des pamphlets de deuils et de martyres,

Et plus lointainement s'il en est cielisé,

Il advient tisserand de Dieu satanisé.

Mais toujours au parloir du prêtre qui l'absout,

Il rêve de brandir le plus sombre bagout,

Un gros péché que même un prêtre à quatre pattes

Ne saurait encaisser plus que bénir des blattes.

Il invente le mal par toutes les coutures,

Et toujours se fait croître au rang des bons augures ;

Et le Pardon l'assaille en supplice absolu ;

Il en vomit le rythme et se desquame échu.

« Mon fils, les cieux sont seuls et pour tout pardonner ;

Que vous ayez bûché la vie en carnassier ;

Qu'importe ! un repentir, fort tels les Argonautes,

Efface tout ! Mon fils, et vos plus lâches fautes ! »

Alors il erre au diable, en confesses blâmées,

Se demandant pourquoi par ces Lois massacrées,

L'on ne sait advenir le mal tout à fait plein,
Car Pardon gît chimère et pourtant souverain,

« Sûr qu'un crime innommé peuple les horizons,
Je suis né sans paupière au flux de ces prisons ;
Ô Dieu, n'époumonez vos yeux que dans les Vides,
Laissez les bestiaux juger de leurs Fluides ! »

Rumeur du bénitier

L'on m'a dit qu'un navire emmenait à l'enfer,
De crânes orbité, de cruches impalpables,
Et des fluo(s) crochés, crispés dedans le fer ;
Quelques pièce insalubre et lettres incitables.

Il paraît qu'il prend source en toutes les matières,
Happant le désireux qui rêve de l'enfer,
Comme un suicideux l'être appareille ornières :
Des moines cocufiés, des dabs pourris de vert.

L'on m'a dit qu'il voguait ''ithyphalliquement'',
D'une église et d'un temple emmenait les messeuses,
D'un château puis d'une île ôtait au roi de sang
Ces paillassons ces croix et ces curées ouateuses.

À bord : des refourgués, lynchés de cyanure,
Et puis ! Des canulars de vengeurs mécréants,
Des prêcheurs mal foutus de tronche en pleine cure ;
Des taulards ravalés — la PAL des firmaments.

Et pour y pénétrer, il faut faire tinter

L'angélus de la crève en bavant hérétique ;

Être crevé de vivre à tel point qu'au clocher

Il faille s'acharner à vomir son cantique.

Grelotter ! fulminer ! paître les agonies

Avec des gants bourrés d'épines et de morts,

Aux chaussures des clous et des Mythologies

Aux plus grands meurtres doux aux doigts sales et tors !

Aux bontés l'incurable, au crevable l'Azur,

Au psycho-chic la trouille, au mendiant l'étrenne ;

Non mais ! Raturez ça ! Soit, le pus et le pur

Ça s'emmêle et ça bêche au fond de l'eau chrétienne !

Callipyges !

Ils fêtent que leur fiel ne soit pas la bouillasse
Se membrent-ils si fiers de moignons ces Scabreux
Que leur vient tout un col tout serti d'or bonasse
À humer les douleurs dans leurs asthmes heureux ;

Eh là-bas ! ces mangeurs des bien trop létaux cèpes,
Ces bolets de Satan que paissent les pleurards,
Contaminent les chairs pour qu'à la leur des Steppes
Se lynche la pâleur d'insignes pucelards !

Vétillards d'euphonie à leurs dents carnassières,
Suppléant aux moignons un Slap d'abâtardis,
Ils braillent des pamphlets de bribes tavernières,
Le gambit du neurone en sursis d'abêtis !

Si mâché leur credo du charnier des Madones
Qu'ils en font tout prélats des rots, doctes de beuh
Insufflés dans leur panse et gerbent épigones
L'humaine saleté des beautés, beuh… Pardieu !

Fi ! Doctoral glaucome, humeur de l'amour-crève !
L'encéphale à leur teigne ! un trophée à leur front !
C'en bûche dans la vie, et ça taffe et ça rêve
Meilleurs que ceux de rien à qui la mort répond.

Des crevures… Non point ! Car le mérite existe,
Bien qu'ils soient contempteurs des riens qui vont
bêchant ;
Mais des larvures ! Ah ! Ça se féconde en kyste
Pour vriller tout en chœur l'Azur d'un continent !

Vos dieux c'est sclérosé, ça croît tatas-confesses,
Votre histoire est à vendre au billot des navets,
Et des pets, gnagnagna ! donnez-m'en j'en fais messes ;
Quel taf de snobiser les messes de ses pets !

Pis ! vos moignons divins au music-hall des pitres,
Ça se danse et ça brille en roses détritus ;
Le jazz des trop salauds, c'est le blues des bélîtres ;
Il faut vous amputer les chairs ! Flop ! Les fessus !

Sonnets-hérésiarques-hermétiques
3ème version

I

Le torve raturé de la tronche rebelle,

En ténèbres que mine un baptême, au-delà

Paraphrase l'amour feint de Maris Stella

Que tel Dab point ignée et sacrificielle.

Un vocable de feu des Combes se martèle,

Et messeux tant de Graal en se nombrant smala

Éructe le Summum qui jadis s'égala ;

Ô chaste vétusté de vrai cœur se muselle !

La bribe des toujours est haineuse d'aimance

Qu'arc-en-cielise un flot de prêtre d'inclémence ;

Don dont l'Hymen puceau gît au plumard rital ;

Et l'oméga des Fonts se castre et plus qu'abstraire

D'Iris à la chasuble entonne scripturaire :

Très parodique encor cet amen de morphal.

II

L'enfer de mon regard dans l'exil se consume ;
De l'abandon chrétien le mystique constat ;
Le soleil croît sélène au joug d'un résultat ;
Et j'en étreins l'idée au Cilice posthume ;

Cet astre Citoyen exhale l'amertume,
Filé d'art et d'oubli par mon œil apostat,
Re-bêchant dans mon être un rayon de diktat :
Prisonnier presque ailleurs dans l'Ici qui s'exhume,

Telle par l'innommé vermeil des mes Vestales,
La vocalise advient, ciel des pénombres mâles ;
Une entité séante aux Combes de la nuit

Gît où la crever d'âme, encre des ergastules,
Et je sens telle angoisse effleurir les formules
Du baptême tant feu de ce Styx qui bénit.

III

Au fief balisé d'yeux, gueulade synodique,
Gît divin le Dab d'Art raflant l'ivre causé,
Qui le bénit par plombs des Jourdain, sclérosé
Ivre hors de chair sainte et de naine aphasique.

Puis vient pleurer mielleux son fer d'Ophir modique !
En bruine qui sourd et par spectres, glosé
S'éclot d'ainsi soit-il en chœur, ankylosé
Folie où telle aimance est pré-sens spasmodique.

Il fut d'élégiaque… À présent cette églogue
L'aide comme diktat de sacral apologue,
Au feu qui néantise en pur tel qu'au rouleau.

Il fait mille parloirs les rixes de bête alme ;
Surnageant au reflux psychique qui l'espalme
En plantureux flammé baptismal d'un brûlot.

IV

Tel brûlant récital tant qu'il lorgne la flamme
En trituré du prêtre, élément élusif,
Larve de bible et crypte un désespoir natif,
Flambe sa femme en rut, fielleux s'il la diffame.

Comme abonnir Madone aux cieux, déclaratif
À plomber ses atours sur quelque idéogramme !
C'est qu'il récence au kief ses destins qu'il programme
À n'être que prieux d'un tel préparatif !

En vie ! Et s'il s'en vante en fièvres tutélaires,
Il n'est qu'extase en proie aux Livres, tels pesteux
Que leur encre exogène enrouille ses molaires !

Et voilà qu'il se mine et d'essences, quinteux
Effleurit son éther dont l'art se crache chaires ;
Aux Combes sa Droiture et foutu disetteux.

V

Veille du Corps au Sang le Cilice de Cène,
Ère de rouille et d'arts des penseux de l'Amor,
Grêlés presque aphasie, épurés de stertor ;
Tout l'est l'écho que fait leur rixe qui les veine.

Amen populacier mais de farce mondaine,
D'ainsi soit-il aux cieux s'il s'invertit d'angor ;
Scalpe l'autre salaud sitôt la tombe au mort
Valse de choir au Dab qui la fit sa marraine !

Lavis de la morale et maux des tout songeux,
Qu'ourdissent les espoirs matés néants des jeux :
Hymnes des recausés qu'en fables carcérales.

Comme se croit mystique, et cetera — d'azurs,
Tel enfouir l'église en opiums plus pâles ;
Le mangeur s'effleurit de gnons par éthers mûrs.

VI

Vous crachez votre amour qu'Aphrodite expectore
D'yeux déclos de ciel vide où l'ivraie est bon grain,
Pour du seuil des raisons flammer l'insigne gain :
Celui de nitescence, aqueuse métaphore…

Par un temps des Salem puis vers l'âme indolore,
La croix vous semble astrale, et trop fiers d'un Jourdain
Vous vous drillez au puits d'un confort anodin
Pour sembler tels que purs, au feu qui vous tortore !

Les exils las en mille inversent l'un des vôtres,
Chus vous perdez l'orteil de pubères apôtres
À vos sens les mimant par l'art d'un bâillement.

À veuver votre enfance en confesse et maldonne,
Tout se démêle au pire à ce cher élément :
Votre cœur au bûcher et l'âme qui festonne !

VII

Bien vers le mieux, je prie ! ô voici la belle âme,

Quelle bonté, quelle ode ! et Suprême prélat :

Pour qu'il soit mien et m'aide à sacrer scélérat,

Je le clamse science et même je m'affame !

De tous temps, devers peine et joie, en tout climat…

Ah c'est si peu mais riche ! et je détiens la Flamme ;

Moi seul la sais réelle au divin scintigramme ;

Car je suis ce taulard emmêlé renégat !

L'autre ? Ah comme je l'âme ! Et d'Ophir je le mire,

Comme il est pauvre et sale et de feux ignorants !

Fatuité : c'est Dieu qui m'a dit qu'il m'admire !

Blasphématoire il l'est, moi je suis des orants…

Mais encor je le sais c'est une âme à maudire !

C'est Dieu qui m'a récrit qu'il ne sied pas aux Rangs…

VIII

Ma fièvre cléricale est comme l'Ectoplasme,
Bien que bravée en nef vers l'enfer aimanté
À mon corps scriptural des hosannas hanté ;
Tout peint conflictuel le dieu baveux qui spasme.

Le mal s'y minimise en crasseux pléonasme,
Il s'y feint en apôtre et d'azur segmenté
Par abysses humains dans le noir lamenté
Aux blanches gravités que sont les marges d'asthme.

Le té s'assainit d'encre et trame solennel ;
Orgueil, présomption, chu des mots l'Opinel :
Je tue un dieu pour l'autre où tels suppôts s'exhument,

Car des Combes natif je récris mille amen,
Pour m'en faire l'offrande aux mains jointes qui hument
Les trinités qu'enfreint Satan dès leur crimen.

© 2020, Quittelier, Julien
Edition : Books on Demand,
12/14 rond-Point des Champs-Elysées, 75008 Paris
Impression : BoD - Books on Demand, Norderstedt, Allemagne
ISBN : 9782322243020
Dépôt légal : septembre 2020